LE CHALET

Opéra-Comique en un Acte

PAR

EUGÈNE SCRIBE

MUSIQUE DE

ADOLPHE ADAM

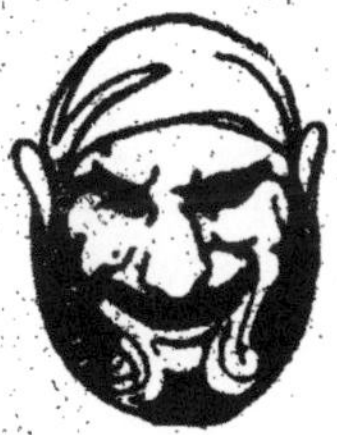

1924

LIBRAIRIE STOCK

DELAMAIN, BOUTELLEAU ET Cᴵᴱ, PARIS

LE CHALET

OPÉRA-COMIQUE EN UN ACTE

Représenté pour la première fois
au Théâtre de l'Opéra-Comique, le 25 septembre 1834.

LES GRANDS SUCCÉS DU THÉATRE D'AMATEURS

Choix d'excellentes pièces en un acte pour jouer en Société

PRIX : **3 fr.** » (Sauf indications contraires).

COURTELINE
Gros Chagrins, 2 f. (2 fr.).
Un Client sérieux, 8 h. (2 fr.).
La Lettre chargée, 2 h. (2 fr.).
Théodore cherche des allumettes, 2 h. (id.)
Victoires et Conquêtes, 3 h. (id.)

PIERRE VEBER
L'Extra, 7 h., 2 f.
M. Trulle et le Vicomte, 2 h.

MAX MAUREY
Le Stradivarius, 4 h.
Le Pharmacien, 3 h.

RENÉ BENJAMIN
La Pie Borgne, 4 h., 1 f.
Le Pacha, 1 h., 3 f.

SACHA GUITRY
Deux Couverts, 3 h., 1 f. (3 fr.).

HENRI DUVERNOIS
La Dame de bronze et le Monsieur
de cristal, 4 h., 1 f. (2 fr.).

ORDONNEAU
L'Ablette, 4 h., 1 f.

BISSON
Mouton, 3 h., 2 f.
Le Sanglier, 3 h., 2 f.
Docteur ! 3 h., 2 f.
Veuve Durosel ! 3 h., 3 f.

SCRIBE
Michel et Christine, 2 h., 1 f. (2 fr.).
Le Secrétaire et le Cuisinier, 5 h., 1 f. (id.)

VARNER
C'est Monsieur qui paye, 5 h., 1 f. (2 fr.).
Maison à vendre, 3 h., 2 f. (2 fr.).

HENNEQUIN
Crime passionnel, 3 h., 2 f.

PAUL GAVAULT
Manu Militari, 3 h., 3 f.
Monsieur l'Adjoint, 5 h., 2 f.
Une Aventure impériale, 3 h., 2 f.

MOUEZY EON
On opère sans douleur, 5 h., 3 f.

LABICHE
Le Misanthrope et l'Auvergnat,
3 h., 2 f. 2 fr.).
Le Baron de Fourchevif, 4 h., 2 f.

M. DE FÉRAUDY
Tic à Tic, 1 h., 1 f.

JOSÉ GERMAIN
C'est de bon cœur, 1 h., 2 f.

ZAMACOÏS
Sang de Navet, 2 h., 2 f.

BLOCH
La Joie du Talion, 2 h., 2 f.

MAROT
Criminel malgré lui, 3 h., 2 f.

ANTONY MARS
Un Monsieur qui dîne en ville,
3 h., 2 f.

HENRY BECQUE
Les Honnêtes Femmes, 1 h., 3 f.

PAUL BILHAUD
Le Gant, 2 h., 3 f.

MARIVAUX
L'Épreuve, 8 h., 3 f.
La Surprise de l'Amour.
Arlequin poli par l'Amour.

ÉTIENNE
La jeune femme colère, 3 h., 2 f.

FLORIAN
La bonne Mère.

HOFFMANN
Le Roman d'une heure, 2 h., 1 f. (2 fr.)

La Librairie STOCK fournit toutes les pièces de théâtre publiées.

EUGÈNE SCRIBE

LE CHALET

OPÉRA-COMIQUE EN UN ACTE

En société avec M. Mélesville

MUSIQUE D'ADOLPHE ADAM

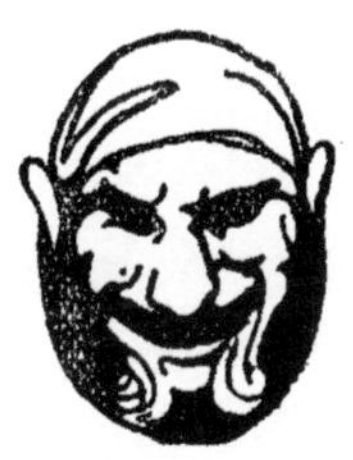

1924

LIBRAIRIE STOCK

DELAMAIN, BOUTELLEAU ET Cⁱᵉ, ÉDITEURS — PARIS

155 Rue Saint-Honoré, Place du Théâtre-Français et 7, Rue du Vieux-Colombier.

PERSONNAGES.	ACTEURS.
DANIEL, jeune fermier.	MM. Couderc.
MAX, soldat suisse.	Inchindi.
BETTLY, sœur de Max.	Mme Pradher.

Soldats. — Paysans et Paysannes

En Suisse, dans le canton d'Appenzel.

LE CHALET

L'intérieur d'un chalet. — Deux portes latérales, une porte au fond, qui s'ouvre sur la campagne, et laisse voir, dans le lointain, les montagnes d'Appenzel.

SCÈNE PREMIÈRE

DES JEUNES FILLES *et* DES GARÇONS *du canton, portant des hottes en bois blanc, remplies de lait.*

INTRODUCTION

LES JEUNES FILLES

Déjà dans la plaine
Le soleil ramène
Filles et garçons,
Et laitière agile,
Partons pour la ville,
Quittons nos vallons.

LES GARÇONS

Déjà dans la plaine
Le soleil ramène

Filles et garçons,
Et d'un pas agile,
Partons pour la ville,
Quittons nos vallons.

LES JEUNES FILLES, *appelant.*

Bettly! Bettly! comment n'est-elle pas ici?
Nous venions la chercher pour partir avec elle.

LES GARÇONS, *à mi-voix, et regardant autour d'eux.*

Au rendez-vous Daniel n'est pas fidèle,
Nous qui voulions rire de lui!

LES JEUNES FILLES

Sans voir l'effet de notre ruse,
Il faut partir, il est grand jour.

LES GARÇONS

Mais du faux hymen qui l'abuse,
Ce soir nous rirons au retour.

Ensemble.

LES JEUNES FILLES

Déjà dans la plaine, etc.

LES GARÇONS

Déjà dans la plaine, etc.
(*Au moment où ils vont partir, Daniel paraît sur
la montagne.*)

SCÈNE II

LES MÊMES; DANIEL

LES JEUNES FILLES

C'est lui, le voici, c'est Daniel.
Le plus beau garçon d'Appenzel.

LES GARÇONS, *entre eux, à mi-voix.*

Qu'il a l'air fier et satisfait !
Il a reçu notre billet.

DANIEL

Air.

Elle est à moi, c'est ma compagne ;
Elle est à moi, j'obtiens sa main.
Tous nos amis de la montagne
Seront jaloux de mon destin.

Longtemps insensible et cruelle,
Bettly repoussa mon amour ;
Mais je reçois ce billet d'elle,
Et je l'épouse dans ce jour.

Elle est à moi, c'est ma compagne ;
Elle est à moi, j'obtiens sa main.
Tous les garçons de la montagne
Seront jaloux de mon destin.

Oh! bonheur extrême,
Enfin elle m'aime;
Je veux qu'ici même
Chacun soit heureux;
Que tout le village,
Qu'aujourd'hui j'engage
Pour mon mariage,
Accoure en ces lieux.

Que ce soir en cadence,
Et les jeux et la danse
Animent nos côteaux;
Que le hautbois résonne;
Venez tous, je vous donne
Le vin de mes tonneaux.

O bonheur extrême! etc.

Je suis riche, et ce que renferme
Mon cellier, ma grange ou ma ferme,
Prenez, prenez, tout est à vous,
Que tout soit commun entre nous.

Ensemble.

LES GARÇONS, *à part.*

Comme il est dupe, ah! c'est charmant.

LES JEUNES FILLES, *à part.*

C' pauvre garçon est si content!
Il me fait d' la peine, vraiment.

TOUS

A ce soir! à ce soir!

DANIEL

A ce soir, quel moment!

Ensemble.

LES GARÇONS *et* LES JEUNES FILLES, *à part.*

Ah! combien il l'aime!
Je ris en moi-même,
De l'erreur extrême
Qui trompe ses vœux.

(*Haut.*)

Oui, tout le village,
Que Daniel engage
Pour son mariage,
Viendra dans ces lieux.

DANIEL

O bonheur extrême!
Enfin elle m'aime,
Je veux qu'ici même
Chacun soit heureux.
Que tout le village,
Qu'aujourd'hui j'engage
Pour mon mariage,
Accoure en ces lieux.

(*Ils sortent par la porte du fond, en regardant
Daniel, et en se moquant de lui.*)

SCÈNE III

DANIEL, *seul et lisant.*

J'ai là sa lettre, j'ai sa promesse. *Monsieur Daniel, je
vous aime, et aujourd'hui je serai votre femme.* J'avoue
que ça m'a étonné, parce que jamais mademoiselle
Bettly ne m'avait donné d'espérance! au contraire;

mais on dit que les jolies filles ont des caprices ; et à ce
titre-là, elle a le droit d'en avoir ; ce n'est pas moi qui
lui en voudrai ! Je lui en veux seulement d'être sortie
de si bonne heure ; elle devait bien se douter que
j'accourrais sur-le-champ ! et Dieu sait si je me suis
essoufflé à gravir la montagne ! Après tout, elle a bien
fait de se décider. Il y a si longtemps que je l'aime !
et puis, comme on dit, les années arrivent pour tout
le monde, et elle aurait été tout étonnée un de ces
matins de se trouver une vieille fille ! au lieu que ça
fera une jeune femme ! la plus jolie ! la plus gracieuse !
(*Regardant.*) Oh ! la v'là ! la v'là ! c'est elle !

SCÈNE IV

DANIEL, BETTLY

BETTLY

Tiens ! c'est vous, monsieur Daniel ? comment êtes-
vous ici ?

DANIEL

C'te question ! C'est moi, mademoiselle Bettly, qui
vous demanderai comment n'y êtes-vous pas ?

BETTLY

Parce que le percepteur m'avait fait dire hier qu'il
avait une lettre pour moi : ce ne pouvait être que de
mon frère Max. Alors, dans mon impatience, je n'ai
pas pu attendre. J'ai été la chercher ; la voilà !

DANIEL, *avec embarras.*

Il se porte bien, M. Max? Il n'a pas été tué?

BETTLY

Puisqu'il écrit...

DANIEL

C'est vrai! c'est que les soldats, ça leur arrive souvent; lui surtout qui se bat depuis si longtemps!

BETTLY

Voilà quinze ans qu'il nous a quittés! J'étais bien jeune, mais je me rappelle encore le jour de son départ; quand, le sac sur le dos, il faisait ses adieux à mon père et à ma mère, qui vivaient alors, et que moi il me prit sur ses genoux en me disant : Adieu, petite sœur; si je ne suis pas tué, je reviendrai danser à ta noce.

DANIEL

Ça se trouve bien!

BETTLY

Comment cela?

DANIEL

C'est-à-dire, non. Ça se trouve mal! parce que, quoique je tienne à faire la connaissance de M. Max, je ne me soucie pas d'attendre son retour pour notre mariage...

BETTLY

Notre mariage! D'où te viennent ces idées-là?

DANIEL

Pardi! de vous, mam'zelle... Car, moi aussi, (*Déroulant sa lettre.*) j'ai reçu une lettre, une lettre ben aimable, qui ne me vient pas d'un frère, mais d'une personne que je chéris plus que tout au monde, plus que moi-même!

BETTLY, *avec surprise.*

Eh bien?

DANIEL, *déconcerté.*

Eh bien! Vous me regardez là d'un air étonné. Vous savez bien que ce billet où l'on promet de m'épouser est signé de vous?

BETTLY, *prenant la lettre.*

De moi? ce n'est pas possible! et pour de bonnes raisons... D'abord, je ne sais ni lire ni écrire; c'est-à-dire je signe mon nom, et très gentiment; mais ça n'est pas comme ça.

DANIEL

Est-il possible! Cet amour, ce mariage, tout ce bonheur qu'il y avait là-dedans, vous ne l'avez pas promis? vous ne l'avez pas pensé? –

BETTLY

Non, vraiment.

DANIEL

Je suis donc fou! je perds donc la raison! Qu'est-ce que ça signifie?

BETTLY

Ça signifie, mon pauvre garçon, que les jeunes filles ou les jeunes gens du village se sont moqués de toi et de moi!

DANIEL

Quelle perfidie! quelle trahison! Je n'ai plus qu'à m'aller jeter dons le lac...

BETTLY, *le retenant.*

Y penses-tu ?

DANIEL

Savez-vous bien, mam'zelle, que je les ai tous invités à ma noce pour ce soir, que j'ai commandé les violons, que j'ai commandé le repas?

BETTLY

O ciel!

DANIEL

J'ai défoncé tous mes tonneaux; j'ai tué un bœuf, deux moutons, étranglé tous mes canards! Que voulez-vous, j'étais si heureux; je voulais que tout le monde s'en ressentît! Je n'y étais plus, je ne me connaissais plus ; et ce n'est rien encore! j'ai fait bien plus que cela, j'ai couru chez le notaire...

BETTLY, *effrayée.*

Et tu l'as étranglé aussi?

DANIEL

Non, mam'zelle; mais je l'ai obligé sur-le-champ à me faire un contrat de mariage où je vous donne tout ce que je possède. Car je suis le plus riche du pays; j'ai trois cents vaches à la montagne, une fabrique et deux métairies. Et tout ça était à vous, ainsi que moi, par-dessus le marché. Je l'avais signé, le voilà; et, au lieu de cela, je suis perdu, déshonoré dans le canton! Ils vont me montrer au doigt.

BETTLY

Et moi donc! m'exposer, me compromettre à ce

point! A-t-on jamais vu une pareille extravagance?
sans réfléchir, sans me consulter, croire à une pareille
lettre!

DANIEL, *timidement.*

Dame! on croit si vite au bonheur! Et puis, tous
ces gens-là qui vont se railler et se moquer de moi...
Il nous serait si facile, si vous le vouliez, de nous
moquer d'eux!

BETTLY

Comment cela?

DANIEL

En mettant seulement votre nom au bas de cette
page...

BETTLY

Y penses-tu? Tout serait fini, nous serions mariés.

DANIEL

C'est justement ce que je veux!

BETTLY

Et moi, je ne le veux pas; tu le sais bien. Je ne
veux pas entendre parler de mariage, je l'ai juré.

DANIEL

Et pourquoi cela?

BETYTL

Pourquoi?

COUPLETS

Premier couplet.

Dans ce modeste et simple asile,
Nul ne peut commander que moi.
Je suis libre, heureuse et tranquille,
Je puis courir partout, je croi,
Sans qu'un mari gronde après moi;
Ou si quelque amoureux
Soupçonneux
Veut faire les gros yeux,
Moi, j'en ris,
Et lui dis :

Liberté chérie,
Seul bien de la vie,
Liberté chérie,

(*Mettant la main sur son cœur.*)

Règne toujours là !
Tra, la, la, la, tra, la, la, la,
Tant pis pour qui s'en fâchera !

Deuxième couplet.

J'irais, quand je suis ma maîtresse,
Me donner un maître !... ah ! oui-da !
Pour qu'à la danse où l'on s'empresse,
Quand un galant m'invitera,
Mon mari dise : Restez là !
Un époux en fureur
Me fait peur.
C'est alors que mon cœur
Ne dirait
Qu'en secret :

Liberté chérie, etc.

DANIEL

Tra la la! tra la la! ce n'est pas des raisons. Dieu! si j'avais assez d'esprit pour en trouver, comme je vous prouverais...

BETTLY

Quoi?

DANIEL

Qu'il faut prendre un mari!

BETTLY

Et à quoi ça me servira-t-il?

DANIEL

A quoi? Vous me faites là une drôle de question! Ça servirait à vous aimer; n'est-ce donc rien?

BETTLY

Si vraiment! mais tu vois bien que tu m'aimes sans cela, que je puis compter sur ton amitié.

DANIEL

Oh! oui, mam'zelle.

BETTLY

Comme toi sur la mienne! Car, vois-tu bien, Daniel, je rends justice à tes bonnes qualités. Tu es un brave garçon, un excellent cœur, et si j'épousais quelqu'un, c'est toi que je choisirais.

DANIEL, *avec chaleur.*

Vraiment?

BETTLY

Mais calme-toi ; je n'épouserai personne ! c'est plus
fort que moi ; ainsi ne m'en parle plus, ne m'en parle
jamais ! et, pour n'y plus songer, tiens, rends-moi un
service.

DANIEL

Un service ! parlez, mam'zelle. Où faut-il aller ? que
faut-il faire ?

BETTLY

Seulement me lire cette lettre de mon frère, parce
que moi, comme je te l'ai dit, je ne suis pas bien
forte ! je ne suis pas comme toi.

DANIEL

Qui ai appris à lire, écrire et calculer au collège
de Zurich ; la belle avance ! On a bien raison de dire
que l'érudition ne fait pas le bonheur. (*Se reprenant
vivement.*) Si fait, si fait ; dans ce moment-ci, puisque
je peux vous rendre service. Voyons un peu. (*Lisant.*)
« Au camp impérial du prince Charles, ce 1er juin. »
Et nous sommes au milieu de juillet ; il paraît que
la lettre est restée longtemps en route !

BETTLY

Ce n'est pas étonnant : l'armée du prince Charles
et celle de Souwarof battent, dit-on, en retraite
devant les soldats de Masséna, qui interceptent toutes
les communications.

DANIEL

Je comprends. (*Lisant.*) « Rien de nouveau, ma
« chère Bettly, sinon que je me bats toujours, ainsi

« que mon régiment, au service de l'Autriche, ce dont
« nous avons assez. J'espérais un congé pour aller
« t'embrasser... »

BETTLY

Après quinze ans d'absence! quel bonheur! mon
pauvre frère!

DANIEL, lisant.

« Mais il paraît qu'il n'y faut plus compter. Ce qui
« me fâche, ma chère sœur, c'est qu'à mon retour, je
« comptais trouver chez toi un régiment de nièces et
« de neveux, et je vois par ta dernière que tu n'as
« pas encore commencé! Il serait cependant bientôt
« temps de s'y mettre ; une fille de ton âge ne peut
« pas rester inutile... » Ça c'est bien vrai!

BETTLY, avec colère.

Daniel...

DANIEL, pliant la lettre.

Si cela vous déplaît, je n'en lirai pas davantage.

BETTLY

Eh! non vraiment ; achève !

DANIEL, continuant à lire.

« Pourquoi n'épouses-tu pas un brave garçon du
« pays dont j'ai reçu une demande en mariage?...

BETTLY

Et qui donc a osé lui écrire?

DANIEL, confus.

Moi, mam'zelle ; il y a deux mois.

BETTLY

Sans mon aveu!

DANIEL

Aussi c'était le sien seulement que je demandais! il me semble que, quand on aime légitimement, c'est d'abord à la famille qu'on doit s'adresser... Faut-il continuer?

BETTLY

Sans doute.

DANIEL, *lisant.*

« Ça me paraît un bon parti : il est d'une honnête « famille, il est riche, il t'aime éperdûment... » (*S'arrêtant.*) Le bon frère; vous l'entendez! (*Continuant.*) « Il a l'air un peu bête... »

BETTLY, *d'un air triomphant.*

Tu l'entends!

DANIEL, *appuyant.*

« Mais ce n'est pas une raison pour le refuser, au « contraire! Je prendrai, du reste, des informations, « et, si ça te convient, il faudra bien, milzieux! que « tu l'épouses. »

BETTLY, *arrachant la lettre.*

C'en est trop! mon frère lui-même n'a pas le droit de me contraindre, et il suffit qu'il l'exige pour que mon indifférence devienne de la haine.

DANIEL

Mais, mam'zelle...

BETTLY

Finissons, je vais au marché.

DANIEL, *voulant l'aider à mettre sa hotte.*

Je ne peux pas vous aider?

BETTLY

C'est inutile!

DANIEL

Si au moins je vous accompagnais...

BETTLY

Je ne le veux pas! et je te déclare en outre qu'on ne voit que toi ici toute la journée, que cela peut me faire du tort et me compromettre. Les filles du pays sont si mauvaises langues! Ainsi, à dater d'aujourd'hui, je ne veux plus que tu viennes chez moi. Me contraindre! Ah! bien oui! Je l'ai dit; tu m'entends; arrange-toi!

(*Elle sort.*)

SCÈNE V

DANIEL, *seul, s'appuyant sur la table.*

C'est fini! c'est le coup de grâce! (*Après un instant de silence.*) Je cherche seulement lequel sera pour moi le plus avantageux, de me jeter du haut de la montagne ou de me lancer dans le lac! Je n'ai plus d'autre parti à prendre. Ce qu'il y a d'ennuyeux, c'est de se périr soi-même. D'abord notre pasteur dit que ça n'est pas bien; et puis c'est désagréable! et si j'avais quelque ami pour me rendre ce service-là...

(*On entend une marche militaire.*) Qu'est-ce que c'est que ça? (*Regardant.*) Des militaires qui gravissent la montagne. Seraient-ce des Français, des Autrichiens ou des Russes? Non! des compatriotes, des soldats du pays, voilà ce qu'il me faut ; qu'ils m'emmènent avec eux, qu'ils m'engagent ; il y aura bien du guignon si quelque boulet ne me rend pas le service que je demandais tout à l'heure, et au moins je n'aurai pas ma mort à me reprocher. (*Leur faisant des signes.*) Par ici, messieurs, par ici... Si mam'zelle Bettly était là, elle leur ferait les honneurs ; je vais la remplacer.

(*Il entre dans la chambre à droite, après avoir introduit Max.*)

SCÈNE VI

MAX, *et* une douzaine de soldats *de sa compagnie.*

max, *à ses soldats.*

Air.

Arrêtons-nous un peu... L'aspect de nos montagnes
D'ivresse et de bonheur fait tressaillir mon cœur !
Un instant de repos dans ces vertes campagnes
Nous rendra sur-le-champ notre première ardeur.

Vallons de l'Helvétie,
Objet de notre amour,
Salut, terre chérie,
Où j'ai reçu le jour !

A l'étranger un pacte impie
Vendait et mon sang et ma foi ;
Mais à présent, ô ma patrie,
Je pourrai donc mourir pour toi !

Vallons de l'Helvétie, etc.

*(Il écoute et entend dans le lointain un air de ranz
des vaches.)*

Ecoutez !... écoutez !... entendez-vous
Ces airs si touchants et si doux ?
Chant de nos montagnes
Qui fais tressaillir,
Toi, de nos campagnes
Vivant souvenir,
Ta douce harmonie,
Tes sons enchanteurs
Rendent la patrie
Présente à nos cœurs.

Auprès d'autres maîtres
Qu'il nous faut servir,
Si tes sons champêtres
Viennent retentir,
La douleur nous gagne,
Il nous faut mourir,
Ou vers la montagne
Il faut revenir.

Chant de nos montagnes, etc.

(A ses soldats qui sont groupés au fond.)

Mes enfants, reposez-vous là quelques instants pour
laisser passer la chaleur : surtout qu'on observe la
discipline, nous ne sommes plus ici en pays ennemi,
et le premier qui s'adresserait à une poule ou à un
lapin, sans ma permission, aurait affaire à moi, vous
le savez ?

TOUS

Oui, sergent.

*(Ils se groupent en dehors dans le fond et laissent
seuls en scène Max et Daniel.)*

SCÈNE VII

MAX ; DANIEL, *revenant deux bouteilles à la main.*

MAX

Diable m'emporte si je reconnais ma route ! en leur
faisant faire un détour j'ai peur de m'être perdu dans
nos montagnes. *(Apercevant Daniel.)* Ah! dis-moi,
mon garçon, sommes-nous loin d'Hérisau, où doit se
réunir demain tout le régiment?

DANIEL, *après lui avoir versé à boire.*

Vous n'avez pas besoin de vous presser : en trois
heures de marche vous y serez ; et si vous voulez,
vous et votre compagnie, vous arrêter à ma ferme
qui est là-bas sur votre chemin, et y passer la nuit,
rien ne vous manquera ; venez chez moi, Daniel Birman.

MAX, *vivement.*

Daniel Birman, du canton d'Appenzel?

DANIEL

Qu'est-ce qu'il y a d'étonnant à ça?

MAX, *lui donnant une poignée de main.*

On m'a parlé de toï dans le pays, et je suis enchanté de te rencontrer et de faire ta connaissance.

DANIEL

Il ne tiendra qu'à vous, sergent; car je voulais vous prier de m'enrôler.

MAX, *étonné.*

Toi! alors, ce n'est plus ça.

DANIEL

Si vraiment, c'est justement ça; je pars demain matin avec vous, le sac sur le dos, si vous y consentez, parce qu'il faut que ça finisse; je suis trop malheureux!

MAX

Quel malheur? voyons.

DANIEL

Le plus grand de tous, sergent. Je suis amoureux d'une fille qui ne veut pas de moi.

MAX

Et qui donc?

DANIEL

Bettly Sterner.

MAX, *à part.*

Bettly!

DANIEL

La plus belle fille du pays. Elle a un frère qui est

dans le militaire et que vous avez peut-être connu?

MAX

C'est possible.

DANIEL

Le caporal Max Sterner, qui, peut-être, reviendra bientôt.

MAX

Le caporal Max? je ne crois pas.

DANIEL

Ça revient au même : car, depuis qu'il a écrit à sa sœur de m'épouser, elle ne veut plus entendre parler de moi; elle ne veut plus me voir, elle me renvoie ! et moi, qui ce matin lui avais donné toute ma fortune par contrat de mariage, je vais être obligé de la lui laisser par testament ; car je suis décidé à me faire tuer, et voilà pourquoi je m'adresse à vous.

MAX

Que diable ça veut-il dire? et qu'est-ce que c'est qu'une tête pareille? Viens ici, mon garçon ; Bettly n'aime donc pas son frère?

DANIEL

Si vraiment!

MAX

Alors c'est donc toi qu'elle n'aime pas ?

DANIEL

Mais si ; elle me le disait encore ce matin, elle me

2

préférerait à tout le monde ; mais c'est le mariage
qu'elle n'aime pas ; elle veut toujours rester fille ;
c'est son goût, son idée ; elle prétend qu'elle peut se
passer de tout le monde, qu'elle n'a besoin de personne !

MAX

C'est une folie ; une femme à son âge a besoin d'un
appui, d'un défenseur, et le meilleur de tous c'est un
mari.

DANIEL

C'est ce que je lui dis toute la journée !

MAX

Et qu'est-ce qu'elle répond ?

DANIEL

Qu'elle ne voit pas la nécessité de se marier ! Elle
me le répétait encore tout à l'heure, ici, chez elle.

MAX, *avec joie.*

Chez elle, je suis chez elle ?

DANIEL

Elle a vendu, à la mort de son père, la maison qu'il
avait dans la plaine, et elle a acheté ce chalet.

MAX, *préoccupé.*

C'est bien ! Alors, va-t'en !

DANIEL

Où ça ?

MAX

Chez toi, chercher tes papiers, ton acte de naissance ; il faut ça pour s'engager. N'est-ce pas là ce
que tu demandais ?

DANIEL

Certainement ! mais c'est que... C'est égal, sergent,
je ne vous en remercie pas moins des bonnes idées
que vous avez eues. Je vas revenir.

MAX

A la bonne heure ! Laisse-moi,

DANIEL

Et demain, je pars avec vous, quoique vous m'ayez
donné là un moment d'espoir qui m'a raugmenté le
chagrin que j'avais déjà...

MAX, *brusquement.*

Eh bien ! t'en iras-tu, mille canons !

DANIEL

Oui, monsieur le sergent. (*A part.*) C'est-y rude et
brutal, ces soldats ! voilà pourtant comme je serai
demain ! (*Rencontrant un regard de Max.*) Je m'en vas,
je m'en vas ; vous le voyez bien.

(*Il sort.*)

SCÈNE VIII

MAX, *puis* LES SOLDATS. *Sur la ritournelle du morceau suivant, Max va regarder au fond du théâtre.*

MAX

Par cet étroit sentier qui conduit au village,
Qui vient là-bas?... C'est elle! ah! si je m'en croyais,
Comme ici je l'embasserais !
(*S'arrêtant.*)
Mais non, point de faiblesse, oui, montrons du courage.
(*Aux soldats, qui accourent sur un signe de lui.*)
Que mes ordres par vous soient suivis à l'instant.

LES SOLDATS

Parlez, que faut-il faire ?

MAX

Amis, il faut gaîment
Ici mettre tout au pillage.

LES SOLDATS

O ciel ! y pensez-vous, sergent ?
Vous qui préchez toujours sur un ton si sévère
La discipline militaire !

MAX

Je vous réponds de tout, commencez hardiment ;
Je pairai, s'il le faut.

LES SOLDATS, *entre eux et à mi-voix.*

Amis, c'est différent.

TOUS, *avec force.*

Du vin ! du rhum ! du rack !
Partout faisons main basse ;
Il faut que tout y passe !
Il faut avec audace
Garnir le havresac
Ainsi que l'estomac.
Du vin ! du rhum ! du rack !

SCÈNE IX

LES MÊMES ; BETTLY

(*Elle entre au milieu du bruit, et voit tous les soldats qui parcourent sa chaumière. Les uns ont décroché une poêle, les autres des broches ; d'autres prennent des œufs, du beurre, et furètent de tous côtés.*)

BETTLY, *effrayée.*

Ah ! grand Dieu ! qu'ai-je vu ! Messieurs, que voulez-vous ?

MAX

Nous voulons à dîner. Ainsi, belle aux yeux doux,
Il faut à nous aider que votre talent brille.

BETTLY

Mais, messieurs, de quel droit ?

MAX, *à un soldat.*

Elle est vraiment gentille !
J'aime ces traits charmants par la crainte altérés.

BETTLY

Que me demandez-vous ?

MAX, *d'un air galant.*

Tout ce que vous aurez.

BETTLY

Mais je n'ai rien.

MAX

Pas possible, inhumaine !

PLUSIEURS SOLDATS, *entrant avec des volailles.*

Voici pour les enfants de Mars,
C'est ma conquête.

D'AUTRES SOLDATS, *tenant des lapins.*

Et moi, voici la mienne.

MAX

A nous et lapins et canards !

BETTLY

Toute ma basse-cour ! une pareille audace !...

MAX, *à Bettly.*

Et les clefs de la cave ?

BETTLY

Ah ! c'est aussi trop fort !
Vous ne les aurez pas.

D'AUTRES SOLDATS, *entrant avec un panier de vin.*

Par bonheur on s'en passe ;
J'ai forcé le cellier !

BETTLY, *courant de l'un à l'autre.*

Ah ! c'est bien pire encor.

LES SOLDATS, *sautant sur les bouteilles.*

Du vin ! du rhum ! du rack, etc.

BETTLY

Mon meilleur vin, celui que pour mon frère
J'avais gardé !

MAX

Rassure-toi, ma chère,

(*Buvant.*)

C'est tout comme s'il le buvait.

PLUSIEURS SOLDATS, *de même.*

A la santé de notre aimable hôtesse ;
Et pour fêter sa politesse,
Un seul baiser...

MAX, *les repoussant.*

Non, s'il vous plaît,
Je ne permets pas ça.

LES SOLDATS, *entre eux.*

> Je comprends, le sergent
Veut la garder pour lui.

MAX

Probablement.

BETTLY, *effrayée.*

O ciel !

(*Voyant les soldats qui se mettent à différentes
tables, à boire et à fumer, pendant que d'autres
préparent toujours le diner.*)

> Et qu'est-ce que je voi ?
Les voilà donc maîtres chez moi !

(*A Max.*)

Aux magistrats je vais porter ma plainte.

(*Des soldats prennent pour jouer un banc, dont
ils barrent la porte.*)

MAX

Dès demain nous serons loin d'eux.
Mais calmez-vous, soyez sans crainte :
Pendant quinze jours... c'est heureux,
Vous aurez des soldats aimables et joyeux,
Car tout le régiment doit passer en ces lieux.

BETTLY, *se laissant tomber sur la chaise à gauche.*

Ah ! c'est horrible, c'est affreux !
Que vais-je devenir, hélas ! au milieu d'eux ?

MAX

COUPLETS

Premier couplet.

Dans le service de l'Autriche,
Le militaire n'est pas riche,
  Chacun sait ça.
Mais si sa paie est trop légère,
On s'en console : c'est la guerre
  Qui le paîra !

Ainsi, morbleu ! que de tout l'on s'empare,
Jeune beauté, vieux flacons et cigare...
Vivent le vin, l'amour et le tabac,
  Voilà le refrain du bivac !

Deuxième couplet.

(S'approchant de Bettly.)
 Dans les beaux yeux d'une inhumaine,
 De sa défaite on lit sans peine
   Le pronostic.
 Nulles rigueurs ne nous retiennent ;
 De droit les belles appartiennent
   Au kaiserlic !

Se divertir fut toujours mon principe :
Tout est fumée, et la gloire et la pipe.
Vivent le vin, l'amour et le tabac,
  Voilà le refrain du bivac !

Ensemble.

BETTLY

Malgré moi je frissonne
Et de crainte et d'horreur.
Hélas ! tout m'abandonne
Et je me meurs de peur.

MAX

De crainte elle frissonne ;
J'en ris au fond du cœur.
Que l'amitié pardonne
Cet instant de frayeur.

LES SOLDATS

Notre sergent l'ordonne,
Buvons avec ardeur.
Oui, la consigne est bonne,
J'obéis de grand cœur.

*(A la fin de cet ensemble, un des soldats se pré-
sente à la porte à gauche, sans habit, et avec
un tablier de cuisine.)*

LE SOLDAT

Le dîner vous attend.

MAX

O nouvelle agréable !
Allons, courons nous mettre à table
Et jusqu'à demain, sans façons,
Mes amis, nous y resterons.

Ensemble.

BETTLY

Malgré moi je frissonne, etc.

MAX

De crainte elle frissonne, etc.

LES SOLDATS

Notre sergent l'ordonne, etc.
(*Max et les soldats entrent par la porte à
    gauche.*)

SCÈNE X

BETTLY, *seule.*

Comment ! ils vont loger chez moi jusqu'à demain ?
toute la soirée (*Avec effroi.*) et la nuit aussi ! et pendant quinze jours, tout le régiment. Quelle perspec-
tive ! et le moyen de les renvoyer ou de les rendre
honnêtes et polis !... il vaut mieux m'en aller. Mais
où me réfugier ! Mon plus proche voisin est Daniel,
et je ne peux pas aller lui demander asile, surtout
pendant quinze jours, lui qui n'est ni mon frère, ni
mon cousin, et qui n'a pas de femme ! Et puis, si je
quitte mon chalet, ils y mettront le feu ! je le retrou-
verai en cendres ; ils sont capables de tout !

SCENE XI

BETTLY; DANIEL, *avec un paquet au bout d'un long sabre,
et entr'ouvrant la porte au fond.*

BETTLY

Qui vient là? encore quelque ennemi ! Ah ! c'est
Daniel !

DANIEL

Ne vous fâchez pas, mam'zelle, si c'est moi...

BETTLY, *d'un ton caressant.*

Je ne me fâche pas, monsieur Daniel.

DANIEL

Ce n'est pas pour vous que je viens ! c'est-à-dire
ce n'est pas pour vous contrarier ; mais pour retrou-
ver un militaire qui m'a donné rendez-vous ici, un
sergent, un bien brave homme !

BETTLY

Un brave homme !

DANIEL

Oui, mam'zelle, lui et ses camarades ! aussi dès
demain, je serai comme eux ; je serai des leurs !

BETTLY

Y penses-tu ?

DANIEL

C'est un parti pris ; je lui ai donné ma parole ; je
me fais soldat. Vous voyez que j'ai déjà le principal,
j'ai un sabre, qui depuis cent ans était accroché à
notre cheminée, et qui a servi autrefois à la bataille
de Sempach ! Mais il me manquait des papiers ; je
les ai là, dans mon paquet, et je les apporte au sergent.

BETTLY

Il est à table avec ses compagnons, qui ont mis ici
tout sens dessus dessous.

DANIEL

Ces pauvres gens! Je leur avais demandé que ce
fût chez moi. Ils vous ont donné la préférence; j'en
aurais bien fait autant!

BETTLY

Eh bien! par exemple!

DANIEL

Dame! je ne vois que le plaisir d'être auprès de
vous. Et à propos de ça, et puisqu'il faut que je m'en
aille, (*Dénouant le paquet qu'il a mis sur la table.*) j'ai
un papier à vous remettre. (*Tirant plusieurs papiers.*)
Non, ce n'est pas ça, c'est mon acte de naissance, et
maudit soit le jour où il a été paraphé! Et ça? (*Le
regardant.*) Ah! ce malheureux contrat de mariage,
qui était tout prêt et que vous n'avez pas voulu
signer! (*Le remettant dans le paquet.*) Il a maintenant
le temps d'attendre! (*Prenant un autre papier qu'il lui
présente.*) Voilà!

BETTLY

Qu'est-ce que c'est que ça!

DANIEL

Mon testament, que je vous prie de garder.

BETTLY

Quelle idée !

DANIEL

C'est un service que je vous prie de me rendre, et

qui ne vous oblige à rien de mon vivant! vous l'ou-
vrirez seulement quand je serai mort, et je tâcherai
que ça ne soit pas long!

BETTLY

Monsieur Daniel !

DANIEL

Ça commence déjà ; car je n'en peux plus, je tombe
de fatigue et de sommeil : trois nuits sans dormir !
des courses dans la montagne ! et puis, hier et ce
matin, tout le mal que je me suis donné pour c'te
prétendue noce ! (*Geste de Bettly.*) Je n'en parlerai
plus, et je m'en vais : car, en restant ici, je vous con-
trarie.

BETTLY

Mais du tout. (*A part*). Il va me laisser seule dans
la maison avec tous ces gens-là!

DUO

Prêt à quitter ceux que l'on aime
Doit-on p rtir si brusquement ?
Et vous pouvez bien, ici même,
Vous reposer un seul instant.

DANIEL

Dieu ! qu'entends-je ? ô surprise extrême
Tantôt vous m'avez dit d' partir
Et maintenant, quoi ! c'est vous-même,
Vous qui daignez me retenir !

BETTLY

D'un ami l'on peut bien, je pense,
Recevoir les derniers adieux.

DANIEL

Non, je sens que votre présence
Me rend encor plus malheureux.
Et puisque votre ordre cruel
M'a banni, je m'en vas...

(*Il a repris son paquet et son sabre et va pour
sortir.*)

BETTLY

Daniel!

Ensemble.

BETTLY

Encore, encore
Un seul instant!
De vous j'implore
Ce seul moment.
(*A part.*)
D'effroi saisie,
Je tremble, hélas!
(*A Daniel, d'un air suppliant.*)
Je vous en prie,
Ne partez pas.

DANIEL, *avec joie.*

Encore, encore
Un seul instant;
Elle m'implore,
Moi, son amant!
Douce magie,
Où suis-je, hélas!
Sa voix chérie
Retient mes pas.

BETTLY

Vous restez donc auprès de moi?

DANIEL

Ah! j'y consens!... Mais vous ne voudrez pas...

BETTLY

Pourquoi?

DANIEL

Vous ne voudrez pas le permettre,
Car voici le jour qui s'enfuit,
Et si je reste ici la nuit,
C'est bien pis que le jour, et, vous me l'avez dit,
Ce serait là vous compromettre!

BETTLY, *avec embarras et baissant les yeux.*

C'est vrai.

DANIEL

Vous voyez bien, ainsi tout est fini.

BETTLY, *à part, avec effroi.*

Ah, mon Dieu! rester seule ici!
(*A Daniel, avec embarras.*)
Adieu donc.

DANIEL, *près de la porte.*

Adieu!

BETTLY, *le retenant au moment où il va sortir.*

Mon ami!

Ensemble.

BETTLY

Encore, encore, etc.

DANIEL, *revenant vivement.*

Encore, encore, etc.

BETTLY, *avec un sourire timide.*

Eh! mais... vous pourriez bien, sans qu'on puisse en médire,
        Rester dans la chambre à côté,
Jusqu'à demain...

DANIEL

O ciel! c'est bien la vérité?
Vous le voulez...

BETTLY

Sans doute.

DANIEL, *avec joie.*

A peine je respire.

BETTLY

Je vous appellerai si j'ai besoin de vous.

DANIEL, *avec joie.*

Vraiment!

(*Montrant la porte à droite.*)

C'est là... près d'elle, ah! que mon sort est doux!

(*Il prend son sabre, son paquet, et entre dans la
chambre à droite toujours en regardant Bettly.*)

BETTLY, *demeurée seule un instant.*

Sa présence a calmé la frayeur qui me glace.

(*Bruit et cris confus à gauche.*)

BETTLY, *effrayée, s'élance vers la porte à droite en
appelant.*

Daniel! Daniel!

DANIEL, *sortant vivement de la chambre à droite.*

Qu'est-ce donc?

BETTLY

         Ah! de grâce,
Restez ici, je l'aime mieux.

DANIEL, *avec ravissement.*

Est-il possible?

BETTLY

Eh, oui, je l'aime mieux!
Là-bas sur ce fauteuil... moi je rentre en ces lieux.

DANIEL

Bonsoir.

BETTLY

        Bonsoir.
Vous restez là?

DANIEL

Pour mon cœur quel espoir!

Ensemble.

DANIEL, *assis dans le fauteuil à gauche.*

Oh! surprise nouvelle,
Jamais je n'obtins d'elle
Aussi douce faveur.
Mon Dieu, si c'est un rêve,
Permettez qu'il s'achève,
Laissez-moi mon bonheur!

BETTLY, *près de la porte à droite.*

Dans ma crainte mortelle
Sa présence et son zèle
Calment un peu mon cœur.
Que mon **tourment** s'achève !
O mon Dieu, faites trêve
A ma juste terreur !

BETTLY, *de loin.*

Il ne s'endort pas, je l'espère ?

DANIEL, *les yeux un peu appesantis.*

Quel avenir ! et quel bonheur !
Mais je sens... déjà... ma paupière...
(*D'une voix plus affaiblie.*)
Je suis près d'elle... ah ! quel bonheur !

BETTLY

Parlez-moi... je veux vous entendre.

DANIEL, *à moitié endormi et prononçant à peine.*

Ah ! combien je bénis mon sort !

BETTLY

Que dit-il ?
(*Se rapprochant de lui.*)
De si loin... l'on ne saurait comprendre,
Mais vraiment je crois qu'il s'endort !

Ensemble.

BETTLY, *écoutant.*

Dans ma crainte mortelle,
Sa présence fidèle
Rassure un peu mon cœur.

Que mon tourment s'achève !
O mon Dieu, faites trêve
A ma juste terreur :
Loin de lui j'ai trop peur.

DANIEL, *s'endormant peu à peu.*

Quelle ivresse nouvelle!
Jamais je n'obtins d'elle
Aucune douce faveur.
Mon Dieu ! si c'est un rêve,
Permettez qu'il s'achève,
Laissez-moi mon bonheur.
Oui, oui, je rêve le bonheur !

(Elle finit par prendre une chaise et s'asseoir à côté de lui.)

SCÈNE XII

MAX, *sortant de la porte à gauche;* BETTLY, *assise près de
Daniel;* DANIEL, *dormant sur le fauteuil à droite.*

MAX, *à part, apercevant Daniel.*

Ah ! notre jeune fermier! elle l'a fait rester! Très
bien !

(Il s'avance et se place entre Bettly et Daniel.)

BETTLY, *se levant effrayée.*

Dieu! ce soldat !

MAX

Moi-même, ma belle enfant. (*Affectant un peu
d'ivresse.*) Vivent l'amour et la bagatelle! Voyez-vous,

j'ai servi en Allemagne, et les Allemands sont toujours aimables, après dîner! Or, le vôtre était excellent; il faut donc, pour être juste, que l'amabilité soit en rapport avec le dîner.

BETTLY, *à part.*

Et ce Daniel qui ne s'éveille pas!

MAX

Nous convenons donc, ma jolie hôtesse, qu'il me faut un petit baiser.

BETTLY

Une pareille audace...

MAX

C'est de la reconnaissance! c'est une galanterie soldatesque et décente qui ne peut offenser personne! et ton mari lui-même le permettra; (*Montrant Daniel.*) je vais lui demander.

BETTLY, *piquée.*

Ce n'est point mon mari...

MAX

Excusez! comme il dormait là près de toi, j'avais cru tout naturellement...

BETTLY, *avec fierté.*

Vous vous trompez! je n'ai pas de mari; je vous prie de le croire.

3.

MAX, *gaiement.*

Tu n'as pas de mari! alors ne crains plus rien! ça ne fait de tort à personne, et, puisque tu es libre, puisque tu es ta maîtresse...

BETTLY, *effrayée.*

Monsieur le soldat...

MAX, *la poursuivant.*

Vivent l'amour et la bagatelle!

BETTLY

A moi! au secours!

MAX, *l'embrassant ou moment où Daniel s'éveille.*

Tu auras beau faire!

DANIEL, *s'éveillant.*

Qu'est-ce que je vois là?

MAX, *tenant toujours Bettly, qui se débat.*

Le triomphe du sentiment!

DANIEL

Moi qui étais dans un si joli rêve!... (*S'élançant entre Max et Bettly qu'il sépare.*) Voulez-vous bien finir!

MAX, *avec colère.*

Eh! de quoi te mêles-tu?

DANIEL

Je me mêle... que ces manières-là me déplaisent, entendez-vous, sergent!

MAX, *de même, et affectant plus d'ivresse.*

Et de quel droit ça te déplaît-il? est-ce ta sœur?

DANIEL

Non vraiment !

MAX

Est-ce ta femme?

DANIEL

Hélas ! non.

MAX

Est-ce ta nièce, ta cousine, ta grand'tante?

DANIEL

Non sans doute; mais cependant, sergent...

MAX, *avec hauteur.*

Mais cependant, morbleu! c'est à moi alors que ça déplaît; et, puisque tu n'as aucun droit légal z-et légitime de m'ennuyer z-ici, fais-moi le plaisir de battre en retraite sur-le-champ et vivement.

BETTLY

O ciel !

MAX

Je te l'ordonne!

DANIEL

Et moi, ça m'est égal; je resterai!

MAX, *menaçant.*

Comment! blanc-bec...

DANIEL, *tremblant et se réfugiant près de Bettly.*

Oui, oui, je resterai, j'en ai le droit ; c'est mam'-zelle Bettly qui me l'a dit. N'est-ce pas, mam'zelle, vous m'en avez prié, vous me l'avez demandé?

BETTLY, *tremblante.*

Certainement, je le veux. (*Lui prenant le bras.*) Je veux que vous ne me quittiez pas!

DANIEL

Vous l'entendez ; je ne lui fais pas dire. Vous n'avez que faire ici ; n'est-il pas vrai? (*Regardant Max qui se croise les bras.*) Eh bien! je vous demande pourquoi il reste là! Dites-lui donc, mam'zelle, dites-lui donc de s'en aller.

MAX

Non, morbleu! je ne m'en irai pas! car j'y vois clair enfin. Tu es son amant! tu l'aimes !

DANIEL

Pour ce qui est de ça, c'est vrai!

MAX

Et moi aussi!

DANIEL

Est-il possible?

MAX, *le menaçant.*

Et tu renonceras à l'aimer...

DANIEL, *de même.*

Jamais !

MAX, *de même.*

Ou sinon...

BETTLY

Monsieur le sergent, au nom du ciel!...

MAX, *froidement.*

Ça ne vous regarde pas, la belle! c'est une affaire entre nous, une explication z-à l'amiable qui réclame impérieusement l'absence du sexe! Ainsi vous comprenez, vaquez aux travaux du ménage, et nous, ça ne sera pas long. (*Durement et lui montrant la porte à droite.*) M'entendez-vous?

DANIEL

Oui, mam'zelle Bettly, retirez-vous un instant.

BETLLY, *à part, montrant la porte à droite.*

Ah! je n'irai pas loin. (*Bas.*) Monsieur Daniel!

DANIEL

Mam'zelle Bettly.

BETTLY, *à mi-voix.*

Ah! mon Dieu! que j'ai peur!

DANIEL, *de même.*

Et moi donc!
(*Bettly le regarde et, sur un geste de Max, sort par la porte à droite.*)

SCÈNE XIII

MAX, DANIEL

DUO

MAX

Il faut me céder ta maîtresse,
Et renoncer à ton amour.

DANIEL

Moi, renoncer à ma tendresse.
J'aimerais mieux perdre le jour !

MAX

C'est alors, suivant la coutume,
Le sabre qui décidera.

DANIEL, *effrayé.*

Que dites-vous ?

MAX, *froidement.*

Et je présume
Qu'un de nous deux y périra.

DANIEL, *tremblant.*

Ah ! grand Dieu ! mais la perdre est encor plus terrible.

MAX

Eh bien ?

DANIEL, *tremblant, mais avec un peu plus de résolution.*

Eh bien... c'est dit...

MAX, *lui prenant la main.*

Touche donc là !
(*Voyant qu'il tremble.*)
Poltron...

Ta main tremble...

DANIEL

C'est bien possible.

MAX

Tu frémis...

DANIEL

Je ne dis pas non.

Ensemble.

DANIEL, *à part.*

Je sens comme un froid glacial,
Mais c'est égal... oui, c'est égal.
Bon gré, mal gré, je me battrai,
Je me battrai, je l'ai juré !

MAX, *souriant.*

Que j'aime son air martial !
Il est tremblant, mais c'est égal.
Il se battra, bon gré, mal gré ;
Il veut se battre, il l'a juré.

MAX

Ainsi, le sabre en main... tu le veux ?

DANIEL, *fermant les yeux.*

Je le veux.

MAX, *avec ironie.*

Il est brave.

DANIEL

Non pas ! mais je suis amoureux.

MAX

Et de frayeur ton cœur palpite.

DANIEL

Je n'en ai que plus de mérite ;
Se faire tuer, c'est votre état.
Mais moi qui ne suis pas soldat...

Ensemble.

DANIEL

Je sens comme un froid glacial ;
Mais c'est égal... oui, c'est égal.
Bon gré, mal gré, je me battrai,
Je me battrai, je l'ai juré !

MAX

Je ris de son air martial ;
Il est tremblant, mais c'est égal.
Il se battra, bon gré, mal gré ;
Il veut se battre, il l'a juré.

(*Apercevant Bettly qui, pendant le commencement de ce morceau, a de temps en temps entr'ouvert la porte à droite.*)

MAX, *à part.*

C'est elle ; elle doit nous entendre.
(*A Daniel.*)

C'est bien... là-bas je vais t'attendre.
Dans ce bois de sapins, sous cette voûte sombre
Qui couvre la montagne et s'étend près de nous,
Nous n'aurons pour témoins que le silence et l'ombre :
Mais ne va pas manquer à notre rendez-vous !

DANIEL, *levant les yeux au ciel.*

Dieu, soutiens mon courage, et chasse comme une ombre
Du bien que j'ai perdu le souvenir si doux !

MAX

Lorsqu'au clocher voisin sonnera la demie...

DANIEL

De s'apprêter, encor faut-il le temps.

MAX

Je te donne un quart d'heure.

DANIEL

On vous en remercie.

MAX

Je serai là !...

DANIEL, *se donnant du courage.*

J'irai... J'irai.

MAX

Bien je t'attends !

Ensemble.

DANIEL

Que l'amour et la gloire
Bannissent ma frayeur
Oui, je ne veux plus croire
Que la voix de l'honneur.
Pour défendre sa belle
On a toujours du cœur ;
Et si je meurs pour elle,
C'est encor du bonheur.

MAX

Que l'amour et la gloire
Soutiennent ta valeur :
En tout temps la victoire
Sourit aux gens de cœur.
Quand l'amour nous appelle
Tous deux au champ d'honneur
Expirer pour sa belle
Est encor du bonheur.

MAX

Tu m'as compris...

DANIEL

C'est entendu.

MAX

Pour la gloire et pour ton amie...

DANIEL

Pour la gloire et pour mon amie...

MAX

Lorsque sonnera la demie !

DANIEL

Lorsque sonnera la demie !

MAX

Dans le bois de sapins...

DANIEL, *avec fermeté.*

C'est dit... c'est convenu...

Ensemble.

DANIEL, *tout à fait décidé.*

Oui, l'amour et la gloire
Ont banni ma frayeur,
Et je ne veux plus croire
Que la voix de l'honneur.
Pour défendre sa belle
On a toujours du cœur ;
Et si je meurs pour elle,
C'est encor du bonheur.

MAX

Que l'amour et la gloire
Soutiennent ta valeur :
En tout temps la victoire
Sourit aux gens de cœur.
Quand l'amour nous appelle
Tous deux au champ d'honneur,
Expirer pour sa belle
Est encor du bonheur.

(Max sort par la porte du fond.)

SCÈNE XIV

DANIEL; BETTLY, *revenant.*

BETTLY, *à part.*

Je me soutiens à peine! Ce pauvre garçon!... (*Le
regardant tendrement.*) Se battre avec une frayeur
comme celle-là... faut-il qu'il soit brave! (*Haut.*) Monsieur Daniel...

DANIEL, *sortant des réflexions où il était plongé.*

Ah! c'est vous, mam'zelle.

BETTLY

Eh bien?

DANIEL, *affectant un air riant.*

Eh bien! ça s'est bien passé! il a enfin entendu la
raison, et, comme vous le voyez, il s'est en allé; vous
en voilà délivrée! Et maintenant, puisque vous n'avez
plus besoin de moi, je vais aussi vous quitter.

BETTLY

Et où allez-vous?

DANIEL

Je vais reprendre mon paquet, mes papiers et mon
sabre, que j'ai laissés là, dans votre chambre...

BETTLY, *l'arrêtant,*

Daniel!...

DANIEL

Il faut que je parte. Je suis soldat, je vous l'ai dit!
Mon sergent m'attend; nous avons à faire ensemble
un voyage, qui sera bien long peut-être! et si je ne
revenais pas, mam'zelle Bettly, il me faut pas que cela
vous fasse de la peine. Il faut vous dire, pour vous
consoler, que je suis plus heureux comme ça qu'au-
paravant... (*La regardant.*) Quoi! vous pleurez?

BETTLY

Oui, je ne puis vous dire ce que je sens là, ce que
j'éprouve de crainte, de regrets!

DANIEL

Des regrets, est-il possible? Ah! si vous me regret-
tez, voilà plus de bonheur que je n'aurais osé l'es-
pérer, et je puis partir maintenant!

BETTLY, *à part, joignant les mains.*

Comment le retenir ici?

DANIEL

ROMANCE

Premier couplet.

Adieu, vous que j'ai tant chérie,
Je pars pour un climat lointain.
Qu'une fois au moins d'une amie
Ma main puisse presser la main ;
Qu'en sortant de cette demeure
J'emporte ce doux souvenir !

BETTLY, *à part.*

Si je refuse il va partir...
(*Lui tendant la main qu'il embrasse.*)
Allons, il faut... lui faire oublier l'heure.

DANIEL

Deuxième couplet.

Adieu, Bettly, vous que j'adore,
Vous, mes premiers, mes seuls amours !
Peut-être un destin que j'ignore
Va nous séparer pour toujours.
Loin de vous s'il faut que je meure,
Un baiser avant de mourir !

BETTLY

Si je refuse il va partir...
(*On entend sonner la demie au clocher du village. Bettly
penche vers lui sa joue, que Daniel embrasse.*)
Allons, il faut... lui faire oublier l'heure.

Ensemble.

BETTLY

Allons, il faut... lui faire oublier l'heure.

DANIEL, *avec ivresse.*

Mes jours entiers pour une pareille heure !

SCÈNE XV

BETTLY, MAX, DANIEL

MAX, *qui est entré à la fin de la scène précédente, sourit en les voyant, puis il vient brusquement se placer entre eux.*

Eh bien ! l'ami, à quoi diable vous amusez-vous là ? Il y a longtemps que la demie a sonné.

DANIEL

Vous croyez !

MAX, *lui montrant le sabre qu'il tient sous le bras.*

Le camarade est là pour vous le dire ! nous vous attendons ! vous comprenez ?

DANIEL

Oui, sergent, je vas chercher ce qu'il faut pour vous
suivre; mais si vous aviez pu attendre encore un peu!
(*A part.*) Se faire tuer dans un pareil moment! est-ce
désagréable!

(*Il sort par la porte à droite.*)

SCÈNE XVI

MAX, BETTLY

BETTLY, *qui a remonté le théâtre et suivi Daniel des yeux,
court près de Max.*

Je connais votre dessein et ne le laisserai pas exé-
cuter.

MAX

Qu'est-ce que ça signifie?

BETTLY

Vous voulez vous battre avec lui; vous voulez le
tuer! Oh! non, cela n'est pas possible; vous ne le
tuerez pas! un si honnête homme! dont les jours
sont si chers et si précieux.

MAX

Si précieux! et à qui?

BETTLY

A ses amis, à sa famille.

MAX

Lui! il ne tient à rien au monde, il est garçon comme moi; et un garçon, à quoi ça sert-il? Ah! s'il était marié, je ne dis pas. Un homme marié est utile à sa femme et à tous les siens!

BETTLY, *vivement.*

Eh bien! monsieur, si ce n'est que cela, je vous jure qu'il est marié.

MAX

Lui?

BETTLY

Oui, sans doute!

SCÈNE XVII

MAX, BETTLY, DANIEL

TRIO

DANIEL, *tenant sur l'épaule son grand sabre.*

Soutiens mon bras, Dieu que j'implore,
Venge l'amour et l'amitié!

4

(Regardant son sabre.)

Ce fer qui va briller encore
Ne pouvait mieux être employé.

MAX

Non, vraiment, différons encore;
Qu'entre nous tout soit oublié :
Toujours je respecte et j'honore
Les jours d'un homme marié.

DANIEL, *étonné.*

Qui, moi, sergent, moi... marié !

BETTLY, *bas a Daniel.*

Dites que oui; je vous l'ordonne.

DANIEL, *vivement.*

C'est vrai, c'est vrai; je l'avais oublié.

MAX, *les regardant d'un air soupçonneux.*

Et pourquoi le cacher ? ce mystère m'étonne.

BETTLY, *vivement.*

Plus d'une raison l'y forçait...
Des raisons de famille autant que de fortune.

MAX.

C'est différent. Alors, dites-moi donc quelle est
Sa femme.

BETTLY, *embarrassée.*

Quoi... sa femme!

MAX, *brusquement.*

Il faut qu'il en ait une.
Je tiens à la voir.

DANIEL

Et pourquoi?

MAX

Je veux la voir.

DANIEL, *avec embarras.*

Ma femme!...

BETTLY

Eh bien... c'est moi.

DANIEL

Qu'entends-je, ô ciel!
Silence, et dites comme moi.

BETTLY

(*Bas à Daniel.*)

Ah! c'est pour vous sauver la vie
Que je vous nomme mon époux.
Dites comme moi, je vous prie,
Mais c'est pour rire, entendez-vous :
Oui, c'est pour rire, entendez-vous.

Ensemble.

DANIEL, *à part, tristement.*

Quoi! c'est pour me sauver la vie
Qu'elle me donne un nom si doux;
Mais ce n'est qu'une raillerie,
Et je ne suis pas son époux;
Je ne serai pas son époux.

MAX, *à part.*

Eh quoi! vraiment sa pruderie
Se défend encor contre nous.
De résister je la défie;
Il faudra qu'il soit son époux,
Qu'il soit tout à fait son époux,

(*Les saluant tous deux.*)

Salut alors à monsieur, à madame!

DANIEL, *à Bettly.*

Répondez-lui.

MAX

Quel est ce ton?
Lorsque l'on est époux et femme
On se tutoie et sans façon.

DANIEL, *effrayé.*

Quoi! la tutoyer...

BETTLY, *à demi-voix, l'y excitant.*

Allons donc!

DANIEL

Si... tu le veux...

BETTLY

Et pourquoi non?

DANIEL

C'est toi qui le veux... Toi! ce mot charme mon âme.

MAX

Mais quand on est époux et femme,
On peut embrasser son mari.

DANIEL, *s'éloignant, avec effroi.*

Ah! c'est trop fort... oh! que nenni!

MAX, *avec colère, et portant la main à son sabre.*

Qu'ai-je entendu? de quelque trame
Serais-je la dupe aujourd'hui?

BETTLY, *vivement.*

Non, vraiment, et s'il faut vous le prouver ici...
    (*Elle s'approche de Daniel les yeux baissés, l'em-
    brasse et reprend à demi-voix.*)

Ah! c'est pour vous sauver la vie
Qu'ici je vous traite en époux;
Mais n'y croyez pas, je vous prie,
Car c'est pour rire, entendez-vous :
Oui, c'est pour rire, entendez-vous.

4.

Ensemble.

DANIEL, *tristement.*

Quoi! c'est pour me sauver la vie
Qu'elle accorde un baiser si doux;
Mais ce n'est qu'une raillerie,
Et je ne suis pas son époux.

MAX, *à part.*

Eh quoi! vraiment sa pruderie
Se défend encor contre nous.
De résister je la défie;
Il faudra qu'il soit son époux.

BETTLY

Et maintenant, je le suppose,
De cet hymen vous ne douterez pas.

MAX

Oh si, vraiment! et j'exige autre chose.

DANIEL *et* BETTLY, *effrayés.*

O ciel!

MAX, *montrant Daniel.*

Il doit avoir des papiers, des contrats...
Que sais-je?... il me l'a dit.

DANIEL

Rien n'est plus véritable.
(*Montrant la chambre à droite.*)

Je l'avais là...

MAX

Je veux le voir.

(A Bettly.)

Qu'on me l'apporte, allez!

(Bettly entre dans la chambre à droite.)

DANIEL, *la regardant sortir.*

Ah! plus d'espoir!

MAX

Je saurai bien s'il est valable!

DANIEL, *à part.*

Il ne l'est pas! ô sort infortuné,
C'est de moi seul qu'hélas! il est signé!

MAX, *criant à haute voix, et de manière à ce que Bettly
l'entende.*

Je connaîtrai, morbleu! si l'on m'abuse!

DANIEL, *toujours à part.*

En le voyant il va découvrir notre ruse!

*(Rentre Bettly, qui, les yeux baissés, présente à
Max un contrat qu'il prend de sa main.)*

DANIEL, *à part, regardant Max, qui examine le contrat.*

Je n'ai plus qu'à mourir, pour moi tout est fini!

MAX, *regardant au bas du contrat.*

C'est bien : signé Daniel; plus bas, signé Bettly.

DANIEL, *avec joie.*

O ciel !

BETTLY, *qui est près de lui, lui mettant la main sur la*
bouche.

Ah ! ce n'est qu'une ruse ;
Le contrat ne vaut rien... celui dont je dépends,
Mon frère, ne l'a pas encor signé...

MAX, *qui pendant ce temps s'est approché de la table à*
droite, et a signé le contrat.

Tu mens.

(Le donnant à Daniel.)

Tenez, tenez, mes enfants.

DANIEL, *lisant.*

Que vois-je ? Max, sergent !

BETTLY

Grands dieux !

MAX, *lui ouvrant ses bras.*

C'est moi... ton frère !

DANIEL

Lui !

MAX

Qui vous trompait tous deux
Pour vous forcer d'être heureux.

Ensemble.

DANIEL *et* BETTLY

Ah! n'est-ce pas une erreur qui m'abuse?
C'est un frère qui nous chérit.
Oui, notre amour pardonne cette ruse
A l'amitié qui nous unit !

MAX

Non ce n'est pas une erreur qui t'abuse ;
C'est un frère qui te chérit.
Que votre amour pardonne cette ruse
A l'amitié qui vous unit.

SCÈNE XVIII

Les Mêmes; PAYSANS *et* PAYSANNES *revenant de la ville ;*
SOLDATS, *entrant par la gauche.*

DANIEL, *courant à eux.*

Mes amis, venez vite,
Ici je vous invite,
Car je suis son époux.

TOUS

O ciel! que veut-il dire !

DANIEL

De moi vous vouliez rire,
Et je me ris de vous.

MAX, *à ses soldats.*

Et vous, mes camarades,
Venez! buvez rasades,
Et reprenons soudain
Notre joyeux refrain :
Vivent le vin, l'amour et les combats!
Voilà, voilà le refrain des soldats!

LES SOLDATS

Amants, guerriers, répétons tour à tour :
Vivent le vin, les combats et l'amour!

E. GREVIN — IMPRIMERIE DE LAGNY

OPÉRAS ET OPÉRAS-COMIQUES

Armide.	GLUCK.	Lucie de Lammermoor	AUBER.
Le Barbier de Séville	ROSSINI.	Le Maître de Chapelle.	PAER.
Le Chalet.	ADAM.	La Muette de Portici	AUBER.
Le Cid	MASSENET.	Le Nouveau Seigneur de village	BOÏELDIEU.
Le Comte Ory.	ROSSINI.	Othello.	ROSSINI.
La Coupe enchantée.	PIERNÉ.	Parsifal.	WAGNER.
Don César de Bazan	MASSENET.	Le Pré aux Clercs	HÉROLD.
Don Pasquale.	DONIZETTI.	Les Rendez-vous bourgeois	NICOLO.
La Fête au village voisin.	BOÏELDIEU.	La Roussalka.	LAMBERT
Grisélidis.	MASSENET.	Sigurd	REYER.
Guillaume Tell	ROSSINI.	Tannhäuser.	WAGNER.
Henri VIII	SAINT-SAENS.	Le Tribut de Zamora	GOUNOD.
Hernani.	HIRCHMANN.	Le Vaisseau Fantôme	WAGNER.
Herodiade.	MASSENET.	La Vestale	SPONTINI.
Hippolyte et Aricie	RAMEAU.		
Joseph	MÉHUL.		
Lohengrin	WAGNER.		

OPÉRETTES

L'Amour mouillé	VARNEY.	La Leçon d'amour.	WACHS.
Babolin.	VARNEY.	Madame Boniface.	LACOME.
Les Bavards	OFFENBACH.	Madame Favart.	OFFENBACH.
Les Braconniers.	OFFENBACH.	La Marjolaine	LECOCQ.
La Cigale et la Fourmi.	AUDRAN.	La Marocaine.	OFFENBACH.
La Circassienne.	AUBER.	La Marquise des rues	HERVÉ.
Le Cœur et la Main.	LECOCQ.	La Mascotte.	AUDRAN.
L'Écossais de Chatou.	DELIBES.	Mazeppa	POURNY.
Fanfan la Tulipe.	VARNEY.	Mimi Pinson	MICHIELS.
La Fiancée des Verts Poteaux	AUDRAN.	Les Mousquetaires au couvent.	VARNEY.
La Fille de Madame Angot	LECOCQ.	Le Myosotis.	LECOCQ.
La Fille du Tambour Major	OFFENBACH.	Les Noces d'Olivette.	AUDRAN.
Gillette de Narbonne	AUDRAN.	L'Oiseau Bleu.	LECOCQ.
Giroflé-Girofla	LECOCQ.	La Petite Mariée	LECOCQ.
Le Grand Mogol	AUDRAN.	Pomme d'Api.	OFFENBACH.
Les Grenadiers de Montcornette.	LEGOCQ.		

www.ingramcontent.com/pod-product-compliance
Ingram Content Group UK Ltd.
Pitfield, Milton Keynes, MK11 3LW, UK
UKHW022114170726
13837UKWH00003B/1205